Josef Leopold Stiger

Die Nord- und Südländer der Vereinigten Staaten Amerikas

Josef Leopold Stiger

Die Nord- und Südländer der Vereinigten Staaten Amerikas

ISBN/EAN: 9783744633697

Hergestellt in Europa, USA, Kanada, Australien, Japan

Cover: Foto ©ninafisch / pixelio.de

Weitere Bücher finden Sie auf **www.hansebooks.com**

Die

Nord- und Südländer

der

Vereinigten Staaten Amerikas.

Von

Josef Leopold Stiger
aus Buffalo (New-York).

Zürich.
Selbstverlag des Verfassers.
1864.

Albert Brisbane.

Dieser genialste aller Amerikaner ist 1812 zu Batavia im Staate New-York geboren und erbte von seinem Vater, einem reichen Landbesitzer, ein sehr bedeutendes Vermögen, welches er größtentheils zu Bauunternehmungen in Buffalo und New-York verwendet, welche die schönste Zierde der Stadt bilden und sich durch Geschmack und Zweckmäßigkeit auszeichnen.

Da seine Wißbegierde auf amerikanischen Lehranstalten nicht hinreichende Befriedigung finden konnte, so gieng er nach Europa, um dort das Erwünschte zu suchen.

Aber für einen amerikanischen Forschergeist sind unsere Universitäten mit ihrem Zopf und ihrer Pedanterie nicht der Born der Erkenntniß. Die Wissenschaft muß vertrocknen, wo die Presse und die Rednerbühne nicht frei sind.

Er kehrte also in sein Vaterland zurück und arbeitete selbstständig weiter.

Seine Phylosophie, ein Kind der amerikanischen Verhältnisse, kann auch nur dort eine lebenskräftige Entwickelung finden.

Ein Europäer kann sie nicht fassen, und ist auch unfähig, sie zu kultiviren, weil sie den Zustand vollständiger politischer Freiheit des Menschen voraussetzt.

Ein königlich preußischer Professor der Phylosophie und ein amerikanischer werden sehr verschiedene Systeme zu Tage fördern, und es ist mit Sicherheit anzunehmen, daß das amerikanische System eine praktische ächte Lebensweisheit allmälig entwickeln wird, was man von der königlich-preußischen bis heutigen Tages nicht sagen kann.

Erst dann wenn der Mensch in den ungestörten Besitz seiner vollständigen Freiheit gelangt ist, kann er lernen, von seinem Leben den wahren Gebrauch zu machen.

Brisbane beschäftigt sich mit der Ausarbeitung einer solchen Theorie und hat das unbestrittene Verdienst, durch seine interessanten Vorträge, die er mit derselben Leichtigkeit in der englischen, wie in der französischen und deutschen Sprache hält und seine treffenden Zeitungsartikel der Erste gewesen zu sein, welcher es gewagt hat, die Fesseln zu lösen, in welche eine starre Orthodoxie den Geist der Amerikaner umschlungen hielt und seine Landsleute zu selbstständigem Denken selbst über die Grenzen der Bibel hinaus anzuspornen.

ALBERT BRISBANE.

Dem

Herrn Albert Brisbane

zu

Buffalo (New-York)

achtungsvoll

gewidmet.

Die Nordländer

der

amerikanischen Union.

―――――

Daß den Nordamerikanern Unrecht geschieht, wenn man ihnen mehr poltronhaften als wirklich aufopfernden Patriotismus zuschreibt, beweist das Faktum, daß sich in der Unionsarmee eine große Anzahl weiblicher Krieger befindet, weit mehr, als den Kampfgenossen selbst bekannt ist. Eine dieser Vaterlandsvertheidigerinnen, welche in einem Illinois-Regimente diente und kürzlich durch einen Zufall als Kriegerin erkannt wurde, gerieth durch die sich auf sie ziehende Aufmerksamkeit so sehr in Aufregung, daß sie ihre Flinte von der Schulter nahm und sich vor den Augen ihrer Kameraden erschoß.

Augsburger Allg. Zeitung Nr. 161 vom 10. Juni 1863.

Die Nordländer.

Nach dem letzten Census von 1860 kommen auf die freien Staaten der Union etwa 19 Millionen.

Hievon sind beiläufig:

Deutsche.	6,000,000.
Irländer.	6,000,000.
Freie Neger	500,000.
Indianer	400,000.
Schweden, Franzosen, Italiener 2c.	1,000,000.
Anglo-Amerikaner	5,100,000.

Die Neu-England-Staaten sind: Vermont, New Hampshire, Maine, Massachusetts, Rhode Island, Connecticut.

Die Mittelstaaten: New-York, New-Jersey, Pennsylvanien.

Die westlichen Staaten: Ohio, Michigan, Indiana, Illinois, Wisconsin, Jowa, Minnesota, Kansas.

Die Südsee- oder Pacific-Staaten: Californien, Oregon, Utah.

Die Territorien oder Gebiete, welche noch keine staatliche Organisation besitzen, weil sie noch nicht die erforderliche Anzahl von 100,000 Einwohnern haben, sind: Washington, Indianer, Dacotah, New-Mexiko, Colorado, Arizona, Nevada, Nebraska.

Der Flächenraum der freien nördlichen Staaten beträgt 602,597 englische Quadratmeilen. $4^3/_5 = 1$ geographische Meile.

———

Die amerikanische Demokratie ist der Bund der südlichen Pflanzer mit dem Pöbel des Nordens, dessen Streben auf die Knechtung jeder freien und unabhängigen Existenz, dessen Ziel auf die Ausbreitung und Befestigung der Sklaverei gerichtet ist. Soweit ihre politische Tragweite reicht, trifft sie in erster Linie nicht die Schwarzen, sondern die Weißen, in deren Interesse sie überall eingreift. (Kapp.)

So lange der Einfluß der Sklavenhalter die Republik beherrschte, so lange konnte es dort keine wahre Freiheit geben.

Die dem Norden so vielfach vorgeworfene Korruption ist also die Folge der langjährigen Mißregierung der Südländer und es ist einleuchtend, daß die republikanische Partei, als sie mit dem Präsidenten Lincoln 1860 zum ersten Mal die Bundesregierung übernahm, nicht auf einmal den ganzen Augiasstall ausmisten, und die durch und durch verrottete Staatsmaschine in einem Jahre von allem Unrathe reinigen konnte.

Derjenige aber, welcher Land und Leute im Norden kennen zu lernen Gelegenheit hatte, wird mir gewiß zugeben, daß diese sogenannte Brutstätte des Spiritualismus, der freien Liebe und der Frauen-Rechte, wie Hauptmann Sander in seinem „Amerikanischen Bürgerkriege" sie nennt, einen moralischen, geistigen und industriellen Fortschritt zeigt, der alle Länder Europa's, selbst die Schweiz nicht ausgenommen, weit übertrifft. *)

***

*) Unter den für die Veredelung des geistig sittlichen Lebens der Nordamerikaner ungünstigen Umständen sollten wir dann viel Schlimmeres von den bestehenden Zuständen erwarten, als wir wirklich finden. Das Schlimme davon ist leider durch unbillige und mangelhaft unterrichtete Schriftsteller in Europa genugsam bekannt geworden, aber nicht das Bessere, welches weniger auf der Oberfläche liegt. Wir dürfen uns deshalb nicht wundern, wenn eine Behauptung, die wir sogleich zu beweisen suchen wollen, in Europa mit ungläubigem Lächeln aufgenommen werden wird, die Behauptung nämlich: daß das amerikanische Volk, Alles in Allem genommen, die Vergleichung seiner staatlichen, gesellschaftlichen und sittlichen Zustände mit anderen und den edelsten Völkern der Welt nicht zu scheuen braucht, und daß im Allgemeinen der Mensch hier seiner hohen Bestimmung würdiger lebt als in der alten Welt.

Das flache Land des Nordens ist in der Regel von Verbrechen aller Art merkwürdig frei, und auch einzelne von nördlichen Massenansiedelungen bevölkerte Theile des Südens (wie das westliche Maryland und Virginien, fast der ganze Staat Delaware, das östliche Kentucky und Tennessee und das östliche Missouri) außerhalb der Städte nehmen bis zum jetzigen Kriege an diesem Verbrechermangel Theil. Ueberall, wo die Abkömmlinge der Puritaner und der deutschen Einwanderung in größeren Massen die Bevölkerung bilden, ohne von fremdartigen Bestandtheilen durchsetzt zu sein, also in allen Neu-England-staaten, im ländlichen (nördlichen und westlichen) Theile der Staaten New-York und Pennsylvanien, im Norden von Ohio, in ganz Michigan, Jowa und Kansas, im Norden von Indiana, Illinois und Wisconsin und in den schon genannten Theilen der Sklavenstaaten, immer mit Ausschluß der größeren Städte und der vorwiegend industriellen Bezirke, herrscht ein Freisein von Verbrechen und Vergehen, das selbst in Europa unter den besten Verhältnissen seines Gleichen sucht. Es ist bezeichnend, daß der Staat Vermont, in welchem die Abkömmlinge der Puritaner am wenigsten gemischt mit anderen Elementen vorkommen, unter einer Seelenzahl von nahezu einer halben Million gar kein Zuchthaus und gar kein Armenhaus besitzt, weil keines nöthig ist, weil schwere Verbrechen seit langer Zeit nicht vorgekommen sind, und Jedermann zu leben

Ich habe mich weder in Amerika noch in Europa gescheut, meinen Tadel über vorhandene Uebelstände offen auszusprechen, und allerdings ist noch sehr Vieles zu wünschen übrig. Doch klingt es geradezu komisch, wenn man in Europa über die Unterschleife der amerikanischen Armeelieferanten einen Lärmen schlägt, da nach jedem Krieg auch h i e r dieselben Fälle vorkommen, nur mit dem Unterschiede, daß d o r t die freie Presse Alles an den Pranger stellt, während h i e r sowohl zu Kriegs= als Friedenszeiten gar manche schreiende Uebel mit dem Mantel der Liebe bedeckt und vertuscht werden.

Doch der Norden ist ja die Brutstätte des Spiritualismus! Spiritualismus heißt der Glaube an Geistererscheinungen.

Sind diese wirklich eine amerikanische Originalität? Sind diese Phantome nicht seit der Kindheit des Menschengeschlechtes in allen Epochen zum Vorschein gekommen? Man lese Heribert Rau's spannenden Roman „der Raub

---

hat. Die Bevölkerung, von der wir hier sprechen, beträgt mindestens ein Drittel der Nation, und dieselbe Bevölkerung, wo sie mit fremdartigen Elementen gemischt anderswo auftritt, bewahrt in der Regel dasselbe Freisein von Verbrechen und Vergehen, was die ganze Anzahl dieser sittlicheren Bevölkerung auf nahezu eine Hälfte der Weißen in der Nation bringt. Könnte man sie ungemischt in einem Lande für sich beisammen ansiedeln, so würde man das übrigens beispiellose Schauspiel einer Bevölkerung von 12—13 Millionen haben, welche keines Zuchthauses und keines Armenhauses bedarf, keine Bettelei, keine verschuldete Armuth, kein Proletariat kennt, und auf jeden Kopf mehr Nationalreichthum und Bildung (und zwar gleichmäßiger vertheilt) besitzt, als jedes andere Gemeinwesen der Welt. (Adolf Douai, Land und Leute in der Union. Berlin bei Janke. Seite 72.)

Die große Anzahl von schweren Verbrechen, wegen deren Amerika so verrufen ist, kommt im Norden nur in den großen Hafenstädten und im Nordwesten auf dem Lande vor, wo die europäische Einwanderung stark vertreten ist.

Straßburgs"; man denke an den Grafen von St. Germain, an Cagliostes, an Schillers interessantes Romanfragment: „Der Geisterseher", — an Hoffmanns phantastische Erzählungen und die Unzahl anderer Geister- und Spuckgeschichten!

Bei den berühmtesten Philosophen der alten und neuen Zeit war der Zusammenhang des Menschen mit der Geisterwelt ein Gegenstand ernster Untersuchung und wer eine sehr anziehende Abhandlung darüber lesen will, den verweise ich auf des deutschen Philosophen Schellings „Clara". Wir Europäer haben demnach wenig Ursache, uns über den Geisterspuck der Nordländer zu skandalisiren, der sich dort in ein Paar Jahren überlebt hatte, während selbst in unserm aufgeklärten Deutschland der Aberglaube noch so tief gewurzelt ist, daß man dessen Ende gar nicht absehen kann *). Noch viel weniger Grund hat der amerikanische Südländer, den Nordländer deßwegen zu verspotten, denn der Spiritualismus ist eine harmlose Spielerei im Vergleich mit dem schrecklichen Wahnwitz des Südländers, daß Gott ihn zum unbeschränkten Herrscher über den Afrikaner bestimmt habe.

Der Norden ist die Brutstätte der freien Liebe (Free love **).

Auch diese Irrlehre dürfte sich sehr leicht auf europäischen Ursprung zurückführen lassen.

Wenigstens trifft man bei den stehenden Heeren, „diesen Pflanzschulen der Vaterlandsvertheidiger" (wie Herr Hauptmann Sander sie nennt), seit den ältesten Zeiten auf Ver-

---

*) Man denke an den heiligen Rock in Trier, an das Joller'sche Haus in Stans, Kant. Unterwalden.

**) So nennt man im Norden eine Sekte, welche wie Adolf Douai in seinen „Land und Leute der Union" sich ausdrückt, die Hinwegräumung aller Gesetze verlangt, welche die Liebe und Ehe betreffen, also aller Gesetze betreffend Ehescheidung, Doppelehe, Vielweiberei und Vielmännerei.

hältniffe, welche das amerikanische Free love = System an
Großartigkeit und Raffinement weit hinter sich laffen.

Williams sagt in seiner Vertheidigung der Südstaaten*):
Auch diese „Heiligen": die Anhänger der „freien Liebe", sind
Alle gegen die Sklaverei!

Dieß ist in den Augen eines Südländers allerdings
ein ungeheures Verbrechen.

Für uns Europäer kann aber diese kleine Sekte billiger=
weise keine Veranlaffung sein, den Norden deßwegen der Un=
moralität**) zu beschuldigen, oder den Südländer als ein hö=
heres moralisches Wesen zu betrachten, als den Nordländer.

Das Haremsystem der Pflanzer, die Negerzüchterei für
den südlichen Sklavenmarkt in den nördlichen Sklavenstaaten
verweisen den Südländer in moralischer Beziehungnicht bloß
unter die Wilden, sondern selbst unter die Bestien der Wüste.

Der Leser erspart mir sicherlich, auf die nähern De=
tails dieses delikaten Thema's weiter einzugehen.

Daß übrigens die Stellung von Mann und Frau in
unseren gegenwärtigen Ehegesetzen nicht vollkommen entspre=
chend geordnet ist, beweiset die Verschiedenartigkeit derselben
in Bezug auf die Eingehung der Ehe, die den Ehegatten
eingeräumten Rechte und die Auflösung der Ehe.

Man nennt den Norden ferner die Brutstätte der verspot=
teten Idee von einer Emanzipation der Frauen. Sehen wir
nun, wie sie entstand.

Seit der Einwanderung gebildeter deutscher Frauen 1848
erwachten auch die Amerikanerinnen zu dem Bewußtsein, daß

---

*) Aus welcher Quelle Hauptmann Sander offenbar seine salbungs=
reiche Anklage des Nordens geschöpft hat.

**) Die Leichtigkeit des Heirathens bildet ein ausreichendes Gegen=
gewicht gegen die geschlechtliche Zügellosigkeit, und ebenso die den Yan=
kee=Frauen eigenthümliche Prüderie.

das von ihnen aus Alt-England mitgebrachte angelsächsische Eherecht doch nicht ganz der Würde des weiblichen Geschlechtes entspricht, wenn es dem Ehegatten die Befugniß einräumt, seine Frau mit dem Stricke an dem Hals auf den Markt zu führen und dort an den Meistbietenden zu verkaufen!

Auch darüber fingen sie an zu murren, daß der Mann wie bisher das Recht haben sollte, über das Vermögen seiner Frau nach Belieben zu schalten und zu walten, ja derselben sogar die Ersparnisse ihrer eigenen Arbeit wegzunehmen und zu vergeuden.

Sie erzwangen weiters auch das Privilegium in Fabriken arbeiten zu dürfen und gleich den europäischen Hebammen, medizinische Vorlesungen zu hören.

Wahr, daß Einige unter ihnen sich soweit verstiegen, auch politische Rechte zu beanspruchen; aber auch das ist nicht neu, da bekanntlich in Deutschland die Frauen schon in den ältesten Zeiten solche Rechte besaßen, und Oesterreich, das man gewiß nicht eines überstürzten Fortschrittes beschuldigen kann, auch in der neuesten seiner vielerlei Verfassungen, Constitutionen, Diplome, Grundrechte, Statuten und Patente dieses Wahlrecht den Frauen ausdrücklich zugesteht.

Man thut der edlen Henriette Brown, Lucy Stone, Ernestine Rose, Lucretia Mott, Oakley Smith, Gage und den übrigen Women Rights Women wahrlich Unrecht, wenn man ihnen überspannte Forderungen unterschiebt.

Nur darin handeln sie falsch, daß sie die Würde und die Macht ihres Geschlechtes nicht besser begreifen, um die Abhülfe des an ihnen verübten Unrechtes nicht auf eine passendere Weise zu erzielen, als durch unterthänige Bittschriften und Deputationen bei der Regierung.

Nicht dadurch daß sie auf der Rednerbühne die Unge-

rechtigkeit beweisen, daß man bei Ehestreitigkeiten die Kinder
den Müttern entreißt, und darüber nur Männer statt beide
Geschlechter richten läßt, erregen sie Spott und Widerwillen,
sondern deßwegen, daß sie nicht zu wissen scheinen, welchen
unwiderstehlichen Einfluß eine Gattin, eine Mutter, eine
Geliebte, eine Schwester auf die Männer besitzen, um alle
ihre leisesten Wünsche mit der größten Leichtigkeit durchsetzen
zu können.

So unweiblich aber auch die Erscheinung dieser Nord-
länderinnen ist, wenn sie bei den Männern um Anerkennung
ihrer Rechte „betteln", so ist doch der Enthusiasmus der
südlichen Frauen für die Sklaverei noch viel unweiblicher,
die Gleichgültigkeit der deutschen Frauen gegen die französischen Spielbanken, — der österreichischen Frauen gegen die
Stockprügel, welche ihre Söhne von ausländischen Offizieren
diktirt erhalten, — noch viel anstößiger und unbegreiflicher!

Es ist übrigens wohl erklärbar, warum die amerikanischen Frauen bisher noch nicht zu einem besseren Bewußtsein
ihrer Würde gelangen und sich in den Augen des gebildeten
Europäers so weit herabsetzen konnten.

Unter dem bisherigen demokratischen Regimente war das
Weib in Amerika nichts anderes als eine Sklavin, wenn
man ihr auch das Gegentheil glauben machen wollte.

Und wie konnte es auch anders sein?

Die Sklavenzüchter und ihre nördlichen Anhänger hatten
keine Achtung vor dem Weibe, sie kauften und verkauften
Mädchen und Frauen auf den Sklaven-Märkten, wo ihre
Reize öffentlich zur Schau ausgestellt waren, und stützten sich
auf die Bibel, welche ja ausdrücklich das Weib dem Manne
unterordnet und als niedrigeres Geschöpf erklärt.

So lange in Amerika die Sklaverei als ein Recht anerkannt und geduldet wird, kann auch die Frau nicht zu der hohen Stellung gelangen, wozu sie die Natur berufen hat, und die Frauen Deutschlands sind es daher der Ehre ihres Geschlechtes schuldig, allen ihren Einfluß geltend zu machen, um dem Norden in dem Kampfe gegen die Süd= länder zur Unterdrückung der Sklaverei beizustehen und ihn zu unterstützen.

Eben dieser Krieg ist auch der beste Beweis für den edlen moralischen Geist der Nordländer, sonst würde das Volk nicht mit solchem Enthusiasmus für die Freiheit der armen unterdrückten Negersklaven sein Gut und Blut opfern.

Die Sklaverei war für den Norden bisher sehr vor= theilhaft, denn so lange sie dauerte und der Süden sich aus= schließlich mit der Baumwollen=, Zucker=, Tabak= und Kaffee= kultur beschäftigte, versorgte denselben der Nordosten mit allen Industrie=Erzeugnissen und der Nordwesten mit Brodfrüchten. Hört die Sklaverei auf, so verliert also der Norden seinen nächsten Markt, denn man wird dann im Süden auch Brod= früchte bauen und selbst fabriziren.

Dieser Umstand, welcher dem Nordländer bei dem jetzigen Kriege so sehr zur Ehre gereicht, ist in Europa noch gar nicht gewürdiget worden. Und doch ist er das schlagendste Beispiel von der Uneigennützigkeit dieses Volkes, ein Ver= dienst, das alle seine Fehler und Schwächen weit überwiegt.

Daß die Nordländer in militärischer Beziehung hinter den Südländern zurückstehen, ist ganz natürlich.

Der friedliebende arbeitsame Bürger hat einen Wider= willen gegen das Blutvergießen und ist bei Weitem nicht so verwogen, als ein Gauner, ein Bandit.

Demungeachtet wird der schlüßliche Sieg den wackern Nordländern nicht entgehen.

Wäre der Nordländer wirklich so sehr in Materialismus versunken, so jeder edlen Empfindung baar, so egoistisch und krämerisch, wie ihn die monarchischen Federn schildern: dann hätte er den Süden ganz ruhig aus der Union ziehen lassen. Die Wildnisse im fernen Westen verlohnen sich nicht eines Krieges.

Auch der Handel und die Industrie hätten bei einer friedlichen Trennung nichts verloren.

Europa kann wegen seiner Entfernung mit dem Norden nicht konkurriren, könnte auch nicht den Kredit gewähren, welchen der Südländer bekanntlich so gern in Anspruch nimmt.

Der Krieg um die Union hatte für den Norden durchaus keinen Geldvortheil, sondern immer, selbst bei der glücklichsten Führung, empfindliche Verluste in Aussicht.

Es handelte sich lediglich nur um die Ehre und um ein moralisches Prinzip: nämlich die endliche Unterdrückung der Sklaverei.

Der Nordländer griff aber mit Enthusiasmus zu den Waffen, und jetzt noch, trotz einem dreijährigen unglücklichen Kampfe, trotz seiner verdreifachten Steuern, seiner Staatsschuld von 2000 Millionen Dollars, seinen unersetzlichen Opfern an Menschenleben kämpft er mit derselben Begeisterung, und alle Wähler stimmen für Lincoln, das heißt für die Fortführung des Krieges!

Zeugt dieß von Egoismus oder von Materialismus? Welches Volk Europa's würde diese Feuerprobe seines moralischen, geistigen und politischen Werthes so siegreich bestehen?

Dieser verrufene Yankee, welcher nichts kennt als den allmächtigen Dollar, kämpft für die Freiheit der Neger!

Und doch wirft man ihm allgemein vor, daß er den Neger schlechter behandle als der Sklavenzüchter selbst!

Ohne zu übertreiben, kann man wohl sagen, daß die Yankee's das am Besten verleumdete Volk der Welt sind, und es muß etwas Tüchtiges an ihnen sein, wie Göthe einst von Napoleon sagte, sonst würde die Canaille nicht gar so wüthend schimpfen.

Ich sehe meinen Leser den Kopf schütteln und eine ungläubige Miene machen.

Wenn diese Yankees in moralischer, politischer und intellektueller Beziehung wirklich so weit vorgeschritten sind: wie kommt es, daß sie die Sclaverei und das demokratische Regiment so lange in der Union geduldet haben?

Es fällt mir sehr schwer, darauf zu antworten, denn ich schäme mich, das Geständniß ablegen zu müssen, daß wir Deutsche (nämlich die Einwanderung von 1815 bis 1848) daran die Schuld tragen. Denn diese deutsche Einwanderung bildete leider bis zum Jahre 1848 mit den Irländern den Pöbel des Nordens; sie stand als demokratische Parthei mit den südlichen Pflanzern im Bund*), und machte alle Bemühungen der Yankees, sich von dem Joch der Sclavenhalter frei zu machen, scheitern.

Ist diese beschämende Thatsache nicht für Deutschland ein hinreichender Grund, jetzt mit der ganzen Wucht seines Einflusses die Yankees zu unterstützen, und so die Scharte auszuwetzen, welche seine unzurechnungsfähigen Kinder der deutschen Ehre geschlagen haben?

---

*) Eine traurige Illustration zu der gerühmten deutschen Schulbildung und unserm kulturhistorischen Berufe! Der längere Zeit im Innern Nordamerika's verweilende Deutsche ntsetzt sich selbst, wenn er mit frisch eingewanderten Landsleuten vom Bauernstande zusammentrifft. So verwahrlost erscheinen sie im Vergleich mit den Yankees.

Die Südländer

der

nordamerikanischen Union.

~~~~~~~~~

Der schrecklichste der Schrecken,
Ist der Mensch in seinem Wahn.

2

Die Südländer.

Die rebellischen Sclavenstaaten sind: Virginien, Nord-Carolina, Süd-Carolina, Georgia, Florida, Alabama, Missisippi, Louisiana, Texas, Arkansas.

Die Grenz- (Border) Staaten *) sind: Delaware, Maryland, Kentucky, Missouri, Teneffee.

Ihre Bevölkerung beträgt 12 Millionen, worunter Sclaven bei 4 Millionen.

Die Südländer sind von angelsächsischer, französischer und spanischer Abkunft.

Deutsche trifft man nur in den großen Städten Charleston, Savannah, Mobile, New-Orleans, Richmond; die frühere zahlreiche deutsche Landbevölkerung von Georgien, meistens Herrenhuther, Salzburger und Tiroler, so wie jene von Virginien, meist Pensylvanier-Deutsche, — haben sich schon längst nach dem freien Westen übersiedelt, um der Sclaverei aus dem Wege zu gehen.

---

*) Die Bewohner derselben haben sich zwar dem südlichen Sonderbund nicht offen angeschlossen, gehören aber ihrer Mehrzahl nach unter die Kategorie der Südländer.

Die Verblendung der Südländer, sich mit dem 4=fach überlegenen Norden in einen Krieg einzulassen, der zu ihrer sichern Niederlage führen muß, — erschiene wirklich unbegreiflich, läge nicht die Lösung des Räthsels in den Verhältnissen, welche die Sclaverei unvermeidlich mit sich führt.

Aufgewachsen als unbeschränkte Herrscher in ihren Pflanzungen, ungewohnt des leisesten Widerspruchs, entwickelte sich in diesen 300 Tausenden Sclaven=Besitzern ein grenzenlos frecher Uebermuth, der durch die langjährige Nachgiebigkeit des Nordens und durch die Abhängigkeit der europäischen Baumwollen=Fabrikanten sich von Jahr zu Jahr steigerte. Der Müssiggang, die Völlerei, die Vielweiberei — Alles trug dazu bei, ihre Leidenschaften zu erhitzen und sie für eine ruhige Ueberlegung unzugänglich zu machen.

Es ist wirklich disgustirend zu sehen, wie fast alle europäischen Zeitungen einstimmig vor Bewunderung über diese ritterlichen Südländer überströmen, welche echtes Kavalierblut in ihren Adern tragen (Hauptmann Sander in seinem „amerikanischen Bürgerkriege" Seite 3), während die Nordländer als gemeine Abenteurer über die Achsel angesehen werden, bei denen nichts als Corruption und Schwindel herrscht.

Man betrachte aber die Sache etwas genauer, und man wird zu einem ganz andern Schluß kommen.

Etwa hundert Jahre nach der Entdeckung Amerika's, erzählt Franz Löher in seiner Geschichte der Deutschen in

Amerika, als sich die Franzosen schon in Canada und Florida niedergelassen und die Spanier den untern Theil von Nord-Amerika bereits mit Ansiedlungen durchzogen, bildete sich auch in England eine Gesellschaft von reichen Leuten, um an der Küste Nord-Amerikas einige Plätze zu besetzen. Auf dauernden Anbau des Landes war es dabei weniger abgesehen, als auf's Geldmachen.

Walter Raleigh hatte von dem Lande, welches er zu Ehren der Königin Elisabeth, Virginien nannte, glänzende Schilderungen verbreitet. Die Haufen, welche von 1606 an dorthin segelten, bestanden aus verdorbenen Adeligen und Kaufleuten und verwegenen Glücksjägern, denen sich Verbrecher aus den Gefängnissen und eine Menge armes Volk anschlossen, das sich goldene Berge in der neuen Welt versprach.

Ihre Ansiedelungen in dem üppigen, aber unter der Sonne glühenden Lande wurden deßhalb zu nichts Besserem als zu einem Spielplatz von gemeinen Leidenschaften und roher Habsucht; wo ein edler Geist unter ihnen aufstand, um eine bürgerliche Ordnung durchzusetzen, hatte er mit eben so viel Feigheit als blutigem Widerstande zu kämpfen. Familien hatten diese Männer nicht; aber als sie sich endlich etwas eingerichtet hatten, ließen sie sich eine Schiffsladung voll Freuden-Mädchen aus England kommen und Jeder kaufte sich eine Frau nicht für den Preis der Liebe und Männlichkeit, sondern — für 100 Pfund Tabak!

Anders geartet waren die Ansiedler in Neu-England, welche seit 1620 herkamen.

Sie suchten Freiheit für ihre Gewissen und Raum für ihre Vorstellungen von alt-christlichen Gemeinden.

Im alten Testamente einheimisch, hatten sie sich in die

Ansichten der Juden hineingelebt, welche aus der Gewalt der Egyptier in das Land der Kannaniten kamen. Sie waren das auserlesene Volk unter den Heiden, über welches da herrschte der streng richtende starre Jehovah.

Sie brachten ihre Geistlichen mit, und diese auch etwas gelehrte Bildung.

Das Land, auf dem sie sich niederließen, war felsiger Boden ohne viel tiefes Erdreich, häufig kaum zum Unterhalte der Heerden hinreichend.

Aber sie griffen den unfruchtbaren Boden mit Hartnäckigkeit an, und zwangen ihm und dem Meere die Nahrung ab.

Ihre Gemeinden richteten sie sofort nach strengen und festen Gesetzen ein, ordneten die Schulerziehung der Kinder, und belegten Vergnügungen, welche die ernste Zucht beeinträchtigten, mit Strafen, gleich Verbrechen.

Der Verlauf der amerikanischen Geschichte spiegelt deutlich diesen Ursprung der Nord= und Südländer.

Bei der Berathung über die Konstitution der jungen Republik wollten die Nordländer als Föderalisten= *) Parthei die Union dadurch befestigen, daß sie den Staats=Kredit aufrecht erhielten, die Ausgabe von Papiergeld verhinderten und die Bezahlung der von den einzelnen Kolonien gemachten Schulden zur Pflicht machten.

---

*) Föderalistische Parthei nannte man damals jene Parthei, welche eine feste Centralgewalt, „einen Bundesstaat", wollte, während die Antiföderalisten oder Demokraten die Bundesgewalt so viel wie möglich beschränken, also einen „Staaten=Bund" wollten.

Die Südländer als Antiföderalisten (später nannten sie sich Republikaner und dann Demokraten), opponirten dagegen auf das heftigste, weil sie weder von der Bezahlung der öffentlichen noch Privatschulden etwas wissen, und überhaupt nur das Interesse der Schuldner, statt jenes der Gläubiger berücksichtigen wollten.

Vor der Revolution hatten nämlich die südlichen Pflanzer von den englischen Kaufleuten bedeutende Vorschüsse für Sclaven-Ankäufe und Verbesserung der Plantagen, auf ihre Produkte erhalten, die ihnen dafür zur Deckung verpfändet werden mußten.

Virginien allein hatte auf diese Weise nach Jefferson's Angaben an 10 Millionen Schulden, und der ganze Süden war seit mehreren Generationen einzelnen englischen Firmen gleichsam tributpflichtig.

Um dieses Joch von sich abzuschütteln, betheiligten sich die Südländer auch so eifrig bei der Revolution, und wollten nach errungenem Siege von einer Bezahlung ihrer englischen Gläubiger durchaus nichts mehr wissen. Massachusetts stand an der Spitze der ehrlichen Föderalisten; Virginien an der Spitze der unredlichen Schuldner des Südens.

Robert Morris aus Pensylvanien opferte als Finanz-Minister sein eigenes Vermögen in den Staatsschatz, damit Yorktown belagert werden konnte, in Folge dessen sich der englische General Cornwallis ergeben mußte, und der Krieg mit England beendigt wurde.

Die Südländer im Kongresse wollten aber hinterher diese Schuld nicht anerkennen, und der edle Morris mußte im Schuldgefängnisse sterben.

Jefferson Davis, das jetzige Haupt der Südländer, ist derselbe Mann, welcher als Gouverneur von Mississippi diesen

Staat veranlaßte, sich bankerott zu erklären und auf diese Weise seiner Staatsschulden zu entledigen, welche er kontrahirt hatte, um das zum Baue seiner Eisenbahnen, Straßen und Kanäle nothwendige Kapital von Europa zu erhalten.

Als die Arbeiten vollendet waren, steckten die ritterlichen Südländer den Gewinn in ihre Taschen und erklärten sich ganz kaltblütig zahlungsunfähig, obgleich das Erträgniß der Eisenbahnen und Kanäle die Schulden vollkommen gedeckt hätte.

Die ganze Welt war damals über diesen Schwindel empört.

Ganz dasselbe Manöver wurde später, 1837 und 1857, wiederholt, nur mit der Verbesserung, daß die mit den südlichen Sclavenhaltern verbündeten Demokraten des Nordens auch zugleich von der günstigen Gelegenheit profitirten, um unter dem Vorwande einer aus der Luft gegriffenen Finanzkrisis sich von ihren Verbindlichkeiten gegen die europäischen Gläubiger zu befreien. — Wenn man sich kein Gewissen daraus macht, seinem Nebenmenschen die persönliche Freiheit zu nehmen, so macht man sich noch weniger ein Gewissen daraus, ihn seines Geldes zu berauben.

Sclaverei und Betrügerei entspringen aus ein und derselben Quelle der Gewinnsucht auf Unkosten Anderer.

Daher rührt auch die Sympathie gewisser Herren für die Sclavenzüchter-Parthei in Amerika.

Wer nur darauf ausgeht, sich zu bereichern, gleichviel, auf welchem Wege er zu Geld gelangt, der findet in der Sclaverei durchaus nichts Anstößiges oder Empörendes oder Unmenschliches.

Sie ist in seinen Augen nichts als ein profitables Geschäftchen, das zugleich als historisch begründetes, durch die

Bibel sanktionirtes altehrwürdiges Recht über alle Angriffe erhaben steht.

Diese ritterlichen Südländer!

Um sich zu dem jetzigen Kriege das nöthige Geld zu verschaffen, bestahlen sie nicht nur die öffentlichen Kassen, sondern zwangen auch alle Schuldner, die an den Norden fälligen Privatschulden in die Kassen der Südstaaten-Regierung abzuführen.

Sehr ritterlich in der That!

Gegen uns Deutsche benahmen sie sich aber von jeher besonders schmeichelhaft.

Senator Thompson von Carolina erklärte in der öffentlichen Kongreßsitzung die deutschen Einwanderer für Schafsköpfe (Blokheads), welche vom Lagerbier und Sauerkraut stinken, und weit unter dem Neger stehen!

Das Frankfurter Parlamentsmitglied, Rößler von Öls, bekannt als der Reichs-Kanarienvogel, schrieb ihm dafür einen klassischen Brief, den er sich wahrscheinlich an den Spiegel gesteckt hat.

In welcher Weise die südstaatliche Presse ihre Aufgabe, den Haß gegen die Deutschen zu schüren, erfüllt und welche Sprache sie dabei führt, ersieht man aus folgendem am 12. Juni in Knoxville, Tenn., erschienenen Leitartikel der dortigen Zeitung. Die Ueberschrift heißt: Was soll mit dem „Dutch" geschehen? „Die Reihen der nördlichen Armeen werden beständig mit europäischen Emigranten ausgefüllt. Jedes Schiff, das in den Hafen New-Yorks einläuft, ist vollgepfropft mit ärmlichen Auswanderern aus Irland, Deutschland und Holland. Auf diese Art wird im Norden die Nothwendigkeit vermieden, die Conscriptions-Gesetze in Kraft treten zu lassen. Die Schlacht bei Chancellorsville erschreckte die Föderal=Regierung und eine Proklamation, welche neue Maßregeln zum Füllen der Lücken in den nördlichen Armeen anordnete, war die Folge davon. Das Organ Lincolns läugnet, daß die Regierung von der ihr verliehenen Macht, die Truppen zu vermehren, Gebrauch machen werde, und gibt zu verstehen, die europäische Einwanderung sei stark genug, die Armeen voll zu halten. Wir haben gefunden, daß bei allen Gefechten und Einfällen, welche die Föderal=Cavallerie in jüngster Zeit unternahm, „Deutsche" die große Masse der nordischen Soldaten bildeten. Die von Forrest gefangen genommenen plündernden Diebe, welche die Hälfte alles Schmuckes und aller Uhren in einem halben Dutzend Counties von Alabama stahlen, waren urwüchsige Deutsche. Der nationale Geruch der Deutschen, so unterscheidend für diese Race, wie der, welcher zum Himmel stinkend die Nasenlöcher des „Niggers" erweitert, ist so unerträglich als der Duft einer Stinkkatze, einer alten Tabakspfeife oder eines Lager=bier=Salons. Verbrechen, Diebstahl, Beleidigungen gegen die Frauen des Südens bezeichnen unabänderlich den Lauf dieser stinkenden Sauerkrautleiber. Dieser fürchterlichen Race, deren Wissenschaft und Religion sich in transcendentalem Mysticismus, deren Moral sich in gottvergessenen Turner=gesellschaften ausspricht, verdanken wir hauptsächlich die schreck=lichen Grausamkeiten, unter welchen unser Volk zu leiden hat. Wir hegen zufällig einen größeren Respekt für einen Aethiopier in den Reihen der Nordarmee, als für einen solchen stinkenden Deutschen, der kein mögliches Interesse in dieser Revolution haben kann. Dutchman besitzt mehr Intelligenz als der Neger, aber unendlich weniger von jenen guten Eigenschaften, die dem weißen Mann seinen Hund und seinen Sklaven werth machen. Die Yankee=Politik, sollte sie mit Erfolg gekrönt sein, führt zur Ausrottung der afrikanischen Race, aber wir können nicht begreifen, was die Dutch mit dieser amerikanischen Revolution zu schaffen haben? Die Dazwischenkunft der breitfüßigen (broad bottomed) Diebe und flachköpfigen Gauner sollte zu einem Ende gebracht werden und wir glauben, das Mittel dazu gefunden zu haben. Warum sollten wir nicht jeden gefangenen Deutschen aufhängen? Wollen wir doch künftig jeden Weißen, der als Negeroffizier betroffen wird, hängen, erschießen, oder auf Lebenszeit einkerkern und die Neger selbst zu Sklaven machen. Und das ist nicht zu hart. Kein Mensch wird das Gegentheil behaupten. Warum sollten wir also nicht jeden Deutschen hängen, der doch unsere Sympathie weit weniger verdient als Sambo, als der arme Betrogene eines Beechers, eines Greeley oder eines Garrison, der sich einbildet, Gott sei nicht im Stande, seinen Geschöpfen ihren angemessenen Standpunkt im sozialen und industriellen Leben anzuweisen. Der verrückte Abolitionist versucht, Gottes Gesetze umzukehren. Er ist eben wahnsinnig. Der triefäugige, breitfüßige Dutchman dagegen überzieht den Süden als Räuber. Seine Schurkerei wird auch nicht durch eine einzige Tugend oder löbliche Absicht gut gemacht. Die guten Vorsätze der Yankees pflastern deren Weg zur Hölle, aber für die Vorsätze der Dutch läßt sich keine Entschuldigung geltend machen. Die Dummheit des Negers, seine Verwandschaft mit dem Orangoutang sind ein Mantel, der viele seiner Verbrechen bedeckt, aber diese lebenden Massen von Bier, Kraut, Tabak und faulem Käse, die zweifüßig und vierfüßig (zu Fuß und zu Pferd) den Süden unsicher machen, sollten als Dünger für die sandigen Ebenen und ausgesogenen Hügel von Alabama, Tennessee und Georgia verwendet werden. Laßt uns keine Dutch-Gefangenen mehr haben, die unsere Lebensmittel

aufessen und die wir auf unsern Eisenbahnen transportiren
müssen. Sie zu begraben ist kein Verlust für die Welt.
Man hat sie hieher geschickt, weil Europa von ihnen über-
schwemmt war. Dort, wie hier, sind sie Nichts als ein
reines Aergerniß (unmitigated nuisance). Wie ein
unerschöpflicher Strom werden sie sich über unser Land
ergießen, gerade so lange, als wir die Diebe, wenn wir sie
fangen, füttern und sie gütig nach dem Norden zurückschicken.
Sowie einmal ein deutsches Regiment die Aeste eines südlichen
Waldes ziert, werden die Reiter-Einfälle in den Süden auf-
hören. Die Hoffnung auf Beute (plunder) weckt ihren
Muth und unsere, den Gefangenen bewiesene Güte macht
Helden aus ihnen. Für ein christliches Volk ist die Idee,
die schwarze Fahne aufzuziehen, ein Greuel, aber die Dutch
werden es für uns zur Nothwendigkeit machen. Wir sind
nicht im Stande, gegen 20 Millionen Yankees und den ganzen
Auswurf (scum) europäischer Staaten und Städte anzu-
kämpfen. In den deutschen Staaten, zumal in Preußen,
haben wir Freunde, so gut wie in den übrigen europäischen
Ländern. Die sind keine Dutch, von welchen jeder den wir
fangen, gehängt werden sollte. Den Präsidenten Davis
braucht man darum nicht besonders zu konsultiren; wird mit
der plündernden Bande der Anfang gemacht, die Forrest ein-
gefangen, so wird der Präsident nicht viel dagegen haben."

Doch mit den Schimpfworten lassen es diese südlichen
Kavaliere nicht bewenden. Kurz vor meiner Abreise von
Amerika cirkulirte in den Blättern eine haarsträubende Geschichte von der Mißhandlung eines deutschen Mädchens aus
guter Familie, welche auf einem Mississippi-Schiffe ganz ent-
kleidet und dann gefedert und getheert wurde, weil sie ein
Wort gegen die Sclaverei fallen ließ.

Die deutschen Niederlassungen im fernen Westen waren schon längst ein Gegenstand der Wuth für den Südländer, da sie die Einführung der Sclaverei in Kansas und Nebraska verhindert, und die deutschen Missourier unterstützt hatten, die Rebellion in diesen Staaten gleich anfänglich zu Boden zu schlagen.

Man hetzte also die wilden Indianerstämme gegen sie, und das Schicksal der blühenden Turner-Kolonie New-Ulm im Staate Minnesota ist auch hierorts genügend bekannt geworden, so daß ich es nicht mehr anzuführen brauche.

Auch in Texas wurde eine Anzahl der ältesten deutschen Ansiedler plötzlich überfallen und unter den schändlichsten Grausamkeiten hingerichtet, weil sie als Deutsche verdächtig waren, treu an der Union zu hängen.

Wenn man trotzdem hört, daß es in den Reihen der Südländer eine Menge Deutsche giebt, so ist es nur durch den Zwang der Konskription erklärbar. Wenn aber Herr Hauptmann Sander erwähnt, daß fremde europäische, darunter auch deutsche (?) Offiziere zu den Südländern übergingen, weil sie bei den Nordländern keine freundliche Aufnahme fanden, so wäre dieß ein sehr starkes Argument gegen die stehenden Heere und die Militär-Akademien, welche Herr Hauptmann Sander anempfiehlt. Denn ein ächter Soldat wechselt weder seine Fahne, wie ein Paar Handschuhe, noch kämpft er für die Aufrechthaltung der Sclaverei.

Wenn ferner drei Viertheile der Offiziere der amerikanischen Land- und Seemacht beim Ausbruche der Rebellion ihrem Eidschwur für die Union untreu wurden, während die Mannschaften allerwärts sich treu bewährten, so giebt dies gleichfalls kein glänzendes Zeugniß für den Geist, welcher in Westpoint und andern Militär-Akademien den angehenden

Vaterlandsvertheidigern eingeflößt wird, und ein europäisches Seitenstück davon findet sich in der unverzeihlichen Uebergabe der preußischen Festungen nach der Schlacht von Jena an die siegreichen Franzosen.

Wehe! dem Lande, das die Vertheidigung seiner Unabhängigkeit nicht zur allgemeinen Verpflichtung macht, sondern einer privilegirten Kaste überläßt, welche in der Stunde der Gefahr, wie die Geschichte der alten und neuen Welt beweist, ihr Sonderinteresse über alle andern Rücksichten vorwalten läßt.

Doch, zurück zu unsern ritterlichen Südländern!

Seite 318 seiner Geschichte der Sclaverei schildert Friedrich Kapp das würdige, kavaliermäßige Betragen der südlichen Kongreßmitglieder zu Washington.

Wie sie sich während der Sitzung boxen, auf einander mit Pistolen schießen, die Nasen abbeißen, Stöcke, Revolver, Messer gebrauchen, um ihre nördlichen Kollegen einzuschüchtern, und sogar an der Tafel in Millaris Hotel die Kellner zusammenfeuern, wenn sie nicht flink genug beim Aufwarten sind.

Tagtäglich hört man aus den Sclavenstaaten so viel von Zerstörung von Druckereien, Vertreibung der Zeitungs-Redakteure, Verbrennen von Negern und Lynchen von Weißen, daß sich mit Zusammenstellung der Thatsachen eines einzigen Monats ein dickes Buch füllen ließe.

Die letzte Staatsgesetzgebung von Texas, dessen Bürger sich im Sommer 1860 das Privatvergnügen machten, etwa fünfzig des Abolitionismus verdächtige Weiße und Neger ohne einen Schatten von Beweis zu hängen und zu verbrennen, hat ein Gesetz angenommen, welches Jeden, der die Rechtmäßigkeit der Sclaverei bezweifelt, mit Zuchthausstrafe bis zu 5 Jahren, und den Verfasser, Drucker oder Verleger einer derartigen Schrift mit Kerker bis zu 7 Jahren, den Abonnenten oder Käufer aber mit Geldbuße bis zu 500 Dollars und Gefängniß bis zu 6 Monaten belegt.

Im ganzen Süden ist es unmöglich, eine Jury zu finden, welche einen Sclavenhändler verurtheilte, selbst wenn er an der afrikanischen Küste abgefaßt würde.

In Kentucky schießt ein reicher Sclavenhalter mit kaltem Blute und ohne jede Veranlassung einen unschuldigen Lehrer in seinem Schulzimmer zusammen, wird jedoch von der Jury freigesprochen, obgleich der Beweis unumstößlich vorlag.

Eine Dame, welche in Virginien sich erkühnte, kleinen Negerkindern Unterricht im Lesen und Schreiben zu geben, mußte 6 Monate dafür im Gefängniß büßen.

In Süd-Karolina blüht auch die Prügelstrafe gegen freie Weiße, selbst gegen weiße Frauen; — und die freien Farbigen aus andern Staaten werden beim Betreten des Staates zum Besten des Armenfonds als Sclaven verkauft.

Während charakteristisch für die Entwicklung des Nordens und Südens, die Indianer in den freien Staaten in der Regel freiwillig den weißen Ansiedlern Platz machten, weil sie weder deren Zahl noch Energie erfolgreichen Widerstand leisten konnten, mußten die Sclavenhalter stets die Hülfe der Bundesregierung in Anspruch nehmen, um nur ihre unbequemen Nachbarn loszuwerden.

Die schändlichen Greuel des Indianerkrieges in Florida giengen von den Sclavenhaltern aus, und so vertreiben sie die Armen überall aus ihren Jagdgründen, weil sie die entlaufenen Sclaven aufnehmen.

Und diese ritterlichen Südländer sollten auf unsere Sym-

pathie Anspruch haben, während die letzte Proklamation des
Jefferson Davis in der Barbarei so weit geht, daß er gegen
allen Kriegsgebrauch den nördlichen Offizieren mit dem Gal=
gen droht?

Die Richmonder Dispatch meldet über ein kleines Ge=
fecht, welches am 28. Jänner d. J. zwischen den Südbündi=
schen und einer 70 Mann starken Unionistenschaar stattfand,
sehr kaltblütig: Vier von den Tories wurden getödtet und
eine Anzahl derselben verwundet und gefangen. Diese Ge=
fangenen (Verwundeten) wurden auf Befehl des Oberst Folk
augenblicklich aufgeknüpft.

Wird irgend eines der dem Norden übelwollenden euro=
päischen Blätter, welche über die Hinrichtung der zehn Mis=
sourier=Banditen einen solchen Lärm schlugen, auch von dieser
Barbarei der Südländer Akt nehmen?

Man deklamirt gegen die Grausamkeit des Nordens!

Hat er nicht durch seine unverzeihliche und ganz unpas=
sende Schonung gegen die sogenannten verirrten südlichen
Brüder die Blutschuld so vieler Tausende unglücklicher Opfer
auf sich geladen, welche er erspart hätte, wenn er gleich An=
fangs in seiner Uebermacht die Rebellion mit eiserner Strenge
unterdrückt hätte?

Wenn General Buttler die Gassendirnen von New=
Orleans einsperren läßt, welche die Unionstruppen anspucken
und verhöhnen, so kann keine ordentliche Frau etwas dagegen
einwenden. Doch wird die Geschichte einst über Lincoln und
seine Parthei den Stab brechen, weil sie aus übertriebener
Menschlichkeit gegen die Südländer das Leben ihrer nordlän=
dischen Soldaten auf die Schlachtbank lieferten.

Die New=Yorker „Times" schrieb schon im September
1862:

„Der conföderirte Senat verwarf vor einigen Tagen eine Bill, durch welche die Guerillakriegführung und die Buschklepperei legalisirt werden sollte. Und jetzt erfahren wir, daß der Rebellenkongreß Resolutionen angenommen hat, durch welche zu Unterhandlungen mit unserer Regierung über den Weg, den Krieg so zu führen, daß seine Schrecknisse gemildert werden, Ermächtigung gegeben wird. Das ist erstaunlich bedächtig. Nie hat ein angeblich zivilisirtes Volk den Krieg mit mehr Gesetzlosigkeit und Grausamkeit geführt, als die Rebellen, und nie ist solche Grausamkeit mit mehr Hochherzigkeit und Langmuth hingenommen worden, als von der Bundesarmee und der Bundesregierung. Die Rebellen haben die Leichen der Todten geschändet und profanirt, unsere Gefangenen in schmutzige Gefängnisse eingepackt und sie gemordet, weil sie in die frische Luft zu blicken wagten; sie haben viele in einsame Löcher gesperrt und grausam gedroht, sie zur Rache für Handlungen Anderer zu hängen; sie haben den Brauch, auf Pickets zu schießen, eingeführt, desgleichen die Buschklepperei und das Verbrennen der Baumwolle. Sie haben ihre Hände mit dem Blute ihrer eigenen Bürger in Ost-Tennessee gefärbt, weil sie sich weigerten, sich ihnen in ihrem Verbrechen des Verrathes anzuschließen. Gegen diese Geschichte der Grausamkeit und Gewaltthat hat die nationale Regierung kein Gegenstück, als das der christlichen Langmuth und gewissenhaften Anhänglichkeit an die Regeln des Krieges, welche die zivilisirte Welt aufgestellt hat und überall anerkennt."

Und wie steht es jetzt?

Die Neue Zürcher-Zeitung bringt folgenden Artikel aus Amerika:

Ueber die fürchterliche Behandlung der Kriegsgefangenen Bundestruppen in Richmond schreibt der Newyorker Korrespondent der Allgem. Ztg.: „Es sind in den letzten Wochen durch ausgetauschte Gefangene Enthüllungen darüber gemacht worden, die das Blut in den Adern erstarren machen. Die Gefangenen werden durch die Qualen des Hungers, der Pestluft oder totaler Bloßstellung gegen alle Unbilden des Wetters langsam zu Tode gefoltert. Das Libbygefängniß in Richmond, in dessen 35 Fuß breiten, 90 Fuß langen und 9 Fuß hohen Sälen je 200 Gefangene eingepfercht sind, die bei Todesstrafe nicht an die Fenster treten und ihre natürlichen Bedürfnisse nur im Saale selbst, in einem fast immer verstopften Watercloset verrichten dürfen, bildet ein furchtbares Seitenstück zu dem „schwarzen Loch“ in Calkutta. Die Gefangenen erhalten kaum in einer Woche so viel Nahrung, als ein gesunder Mensch an einem Tage bedarf. Im James-River liegt eine völlig kahle Sandbank. Dort werden Hunderte von Kriegsgefangenen ohne das geringste Obdach irgend einer Art, zum Theil fast ohne alle Kleidung, schon seit Monaten gefangen gehalten. Viele sind durch Wahnsinn oder Tod von den namenlosen Qualen, die sie zu erdulden hatten, erlöst worden. Am 29. Oktober langten 180 der Unglücklichen, die ausgetauscht worden waren, zu Annapolis an, oder vielmehr 173, denn 7 waren bereits auf der Fahrt von Richmond Hungers gestorben. Der Anblick welchen die Unglücklichen darboten, entzieht sich jeder Beschreibung. Alle waren zu Gerippen abgemagert; bei vielen hatte sich, während der drei Monate, welche sie

unter freiem Himmel zugebracht hatten, die Sandbarre ein=
gestellt, d. h. eine lederartige Auftrocknung der Haut und
der Muskeln am Knochen, totales Absterben der Extremitä=
ten. Alle gingen barfuß und barhaupt; das wenige was
sie noch an Kleidern gehabt, war ihnen von den Rebellen
geraubt worden. Manche hatten kein anderes Kleidungsstück
am Körper, als ein paar dünner baumwollener Unterhosen.
Viele von ihnen waren bereits bis zu dem Stadium des
Verhungerns gelangt, so daß alle Hülfsmittel der Kunst
außer Stand waren, ihrem Magen die Verdauungsfähigkeit
wiederzugeben, und sie mußten angesichts der Rettung unter
den Folterqualen Ugolino's sterben. In 5 Tagen, bis zum
3. November, waren bereits 53 von den 180 an den Wir=
kungen der Hunger=Tortur gestorben, und die Aerzte machen
sich keine Hoffnung mehr als ein Drittel der Gesammtzahl
am Leben erhalten zu können. Gefangene Neger werden bei
jeder Gelegenheit durch Knutenhiebe zerfleischt. In einem
Fall erhielt einer (ein freier Neger aus Massachusetts, bei
dem Sturm auf Fort Wagner gefangen) 250 Peitschenhiebe,
und sein bis auf den Knochen zerfleischter Rücken ward so=
dann in mit Salzlauge gesättigte Tücher geschlagen.

So handeln diese ritterlichen Südländer!

Spitznamen in Amerika.

Aus den Atlantischen Studien. Von Deutschen in
Amerika. Sechster Band. Erstes Heft. Göttingen.

Nirgends ist die Vertrautheit mit den Eigenthümlichkei=
ten der hervorragendsten Männer im Volke, und die Per=
sonifizirung der besondern Züge von Männern, Staaten und

Städten einheimischer und gleichzeitig gemüthlicher als in
den Vereinigten Staaten, wo eigentlich ein „angestammter"
und in die Augen springender Unterschied viel seltener ist,
wie anderwärts; denn oberflächlich betrachtet, sehen sich Län=
der, Einrichtungen, Städte und Menschen in den Vereinigten
Staaten viel ähnlicher, wie irgend anderwärts. Allein die
ungemeine Theilnahme am öffentlichen Leben, die hier fast
in allen Kreisen stattfindet, die ungeheure Verbreitung der
Zeitungen, die jeden neuen Witz oder Einfall, jeden Vorfall,
der allgemeine Aufmerksamkeit erregt, verbreiten, und die
große Menge der Volksredner, die auch wieder aus ihren
Lokalzeitungen ihre Kenntnisse, ihre Einfälle und ihre Schlag=
wörter schöpfen — macht dies leicht erklärlich. Auffallend,
aber ehrenvoll für die Vereinigten Staaten ist nur der Um=
stand, daß man sich hier gegenseitig mit mehr Achtung be=
handelt, nie aber mit so ungerechtfertigtem und plumpem
Hasse und Mißachtung befehdet, wie z. B. der Rheinländer
den Preußen, der Franke den Schwaben, der Preuße den
Oesterreicher.

Wir sehen ab von der wirklich in die Augen springenden
Verschiedenheit der Volksstämme, die hier mehr gemischt
sind, als irgendwo anders, wie z. B. der Indianer als
„Rothhaut" oder „Gelbbauch," der Neger und Farbige als
„Darky" (Dunkler), „Nigger," der Irische als „Paddy,"
der Engländer als „John Bull," und der Deutsche als
„Sauerkraut" oder „Dutchman" bezeichnet wird. Unser
Wunsch ist vielmehr, das Familienleben der großen amerika=
nischen Staaten=Familie unter sich aus ihren Spitznamen
zu zeichnen.

An der Spitze des Ganzen steht die Union, vertraulich
als „Uncle Sam" bezeichnet. Dieser Name kommt von den

Anfangsbuchstaben U. S. (United States) her, womit alles Unionseigenthum bezeichnet wird, und welches der hausbackene Volkswitz als Uncle Sam ausgelegt hat. Uncle Sam wird von Dichtern, Rednern und Satyrikern meist als ein alter, steinreicher, gutmüthiger und etwas schwachsinnig gewordener Herr geschildert, bald als „der große Landspekulant" draußen im Westen, bald als ein biederer Farmer, immer aber als das Haupt einer Familie von großgewordenen, sehr unbot= mäßigen und eigenwilligen Söhnen oder Neffen, die ihn be= stehlen, wo sie können, ohne daß er sich viel daraus macht, weil er es wohl „afforden" (aufbringen) kann, und ihm mehr äußerliche als wirkliche Achtung erzeigen. Ist aber das amerikanische Volk als solches gemeint, dann ist „Bruder Jonathan" die Bezeichnung dafür, eine unternehmende, wenig gewissenhafte, obgleich sehr religiöse Person, gleich gern be= reit zum Handeltreiben wie zum Fechten, und von sehr ge= ringem Zartgefühl für seines Nachbars Rechte, aber seiner eigenen Vorzüge sehr bewußt, vielleicht mehr als nöthig. Treten die Staaten=Gruppen anseinander, so springt zuerst der Unterschied von freien und Sklavenstaaten in die Augen. Hier sind es die Sklavenstaaten, die in gehässiger Weise und feindselig Unterscheidungen machen, indem sie sich selbst als „Ritterthum" (chivalry), die freien Staaten aber als „Miethlings" oder als „freie Dreck = Staaten" bezeichnen (free dirt, spottweise für free soil.*) Eigenthümlich vor Allen ist der Spitzname „Yankee," entstanden aus dem Worte „Yangheese," wie die Indianer die Engländer nannten, weil sie das Wort „English" nicht aussprechen konnten. Außer= halb der Vereinigten Staaten ist jeder Einwohner derselben

---

*) Free soil. Deutsch: freier Boden.

ein Yankee; denn dieser Spitzname ist in der That der einzige allgemeine Name, den die Nation hat. Innerhalb derselben unterscheidet sich wieder der Anglo-Amerikaner als Yankee vom Irischen, Deutschen, Mexikaner, Franzosen u. s. w. Daheim aber betrachtet der stolze Pflanzer den Namen Yankee als eine unwürdige Bezeichnung, die nur dem friedlicheren, krämerischen Neu-Engländer zukommt, den er am wenigsten ausstehen kann, weil er ihm zu kirchlich, zu neugierig, zu sparsam, zu abolitionistisch und zu übergreifend ist, und dem er gern seine „Nasentöne," seine Unlust zum Fechten und besonders die „hölzernen Schinken" und „gedrechselten Muskatnüsse" vorwirft, mit denen der Sage nach große Häuser in Boston und Hartford früher die Südländer schiffsladungsweise angeführt haben. Ueberhaupt können diese Brüder sich am wenigsten gegenseitig leiden. Der Osten ist fromm, mäßig, fleißig und der Sklaverei spinnefeind — aber bigott, krämerisch und furchtbar auf das Geldmachen aus. Die blauen Gesetze von Connecticut sind auch an sich dem Süden nicht anständig, wo man gern lebt und leben läßt. So stehen sie gegenseitig auf etwas gespanntem Fuße zusammen, die langen Down Easter*) und die ritterlichen Southerner.**) In den New-Englandstaaten selbst ist der Connecticuter der echte Yankee, so wie sich denn auch in Connecticut alle Tugenden und Fehler des New-Engländers, puritanische Sittenstrenge, Einmischung in die Verhältnisse Anderer, Wanderlust, hartnäckiges Festhalten am Althergebrachten, Sparsamkeit und Feilschlust am stärksten ausprägen. Ein anderer Spitzname für New-England ist auch

*) Down Easter. Deutsch: Ostländer.
**) Southerner: Südländer.

„Down East" (unten im Osten), und wenn es ans Hecheln geht, muß namentlich wieder Connecticut herhalten, sowohl wegen seiner „blauen Gesetze," nach denen Ehemännern verboten war, am Sonntag ihre Weiber zu küssen, wie wegen der „blauen Lichter" von Hartford, durch welche die verbissenen Föderalisten 1812 und 1813 dem englischen Blokadegeschwader immer anzeigten, wenn die amerikanischen Kriegsschiffe auslaufen wollten. Die New=Engländer schämen sich auch dessen nicht so sehr, sondern ehren Blau als ihre Lieblingsfarbe und nennen sich stolz »true blue Yankees« (echte blaue Yankees). Nicht weniger stolz sind sie auf ihre unmittelbare und wenig vermischte Abstammung von den „Pilgrimsvätern," die am 20. December 1620 mit der „Mayflower" in Plymouth landeten.

Das gemüthliche Verhältniß geht aber viel weiter; jeder hervorragende Staat hat seinen Spitznamen, der aber nie etwas Beleidigendes hat, sondern auf den der Staat selbst stolz ist, und oft haben noch die Eingebornen als Volksstamm besondere Spitznamen.

Unter sich haben die einzelnen 6 New=Englandstaaten jeder seinen besondern Spitznamen und seine Eigenthümlichkeiten. Das schiffbauende, Bauholz erzeugende und fischende Maine hieß früher der „Lumber Staat," hat sich aber jetzt durch sein Liquor-Gesetz einen viel bedeutenderen Namen von sehr zweifelhaftem Ruhme erworben. New=Hampshire, stolz auf die Granitfelsen seiner „weißen Berge," nennt sich den „Granitstaat," und weil es bis 1854 immer demokratische Mehrheiten zu geben pflegte, haben die Demokraten es auch politisch den „demokratischen Granitstaat" getauft. Im Gegensatz dazu heißt das stets den Whigs treu gewesene Vermont „der Stern, der niemals untergeht," (the star, that

never sets), obwohl für gewöhnlich die Vermonter sich gern
die „Burschen vom grünen Berge" (green mountain boys)
nennen, ein Ehrennamen, den sie sich 1777 bei Bennington
erwarben. Massachusetts bezeichnet sich einfach von seiner
schönen Bai den „Bai=Staat." Für gewöhnlich jedoch nennt
es sich nicht „den Staat Massachusetts," sondern the
commonwealth (Freistaat), und es pflegt mit Selbstgefühl
an Faneuil Hall zu erinnern, wo die größten Redner der
Revolution glänzten, sowie an seine für sich allein erfochtenen
Siege von Lexington und Bunker Hill. Rhode Island wird
von allen Staaten mit Zärtlichkeit »little rhody« (Rho=
duschen) genannt, wie etwa ein kleiner jüngster Knabe von
einer Reihe hochaufgeschossener älterer Brüder angesehen
wird. Will es sich rühmen, so erinnert es daran, daß es
der Miniaturstaat ist, der, trotz seiner Kleinheit, in Handel,
Fabriken, Reichthum und Wissenschaft hinter keinem andern
zurücksteht, und der zuerst in der ganzen Welt das Prinzip
der Freiheit und Gleichheit der religiösen Konfessionen durch=
führte. Will man es demüthigen, so spielt man wohl auf
die tyrannische Verfolgung von Governor Dorr und die
mittelalterlichen Gesetze an, die bis noch vor wenig Jahren
dort galten und mit Fanatismus vertheidigt wurden. Von
Connecticut haben wir schon gesprochen; es nennt sich das
„Land der stetigen Gewohnheiten" (of steady habits), im
Gegensatz zur Lust am ewigen Wechsel, die die Andern
charakterisirt. Wenn der Yankee auf Connecticut zu sprechen
kommt, diesen Mutterstaat, aus dessen Schooße die Hundert=
tausende gezogen sind, welche den fernen Westen zuerst be=
siedelten, so spielt er gern etwas satyrisch auf Zwiebeln an
— aber so viele schroffe, selbst lächerliche Züge im Ur=
Yankee auch heraustreten, in seinem scharfgeschnittenen Gesicht,

seiner langen Nase, seiner näselnden Aussprache, seinem
»I guess« und »I s'pose,« seinem Schacher und seiner
Heiligkeit — es ist zu viel Tüchtiges dabei, als daß es uns
nur zum Spotte dienen könnte.

Gerade den Gegensatz zu dieser Staatengruppe bilden
die 10 südlichen Staaten, die ursprünglich nicht von purita=
nischen Flüchtlingen aus den Mittelklassen, sondern von
jüngeren Söhnen der Aristokratie, Abenteurern und Depor=
tirten besiedelt wurden.

Diese Staaten bilden die zweite Reihe der Familien=
glieder, vom Glück verzogene, oft ungezogene Söhne, auf=
brausend, träge, verschwenderisch, das Menschenleben wenig
achtend, grausam, aber tapfer, freigebig, nicht bigott und
sehr eifersüchtig auf den Ruf eines Gentleman, und auf ihre
Ritterlichkeit in dem „Chivalrous South." *)

Sie halten sich eigentlich für allein frei, weil sie nicht
arbeiten und sehen mit vornehmer Verachtung auf den krä=
merischen Norden, der für sie arbeitet, freilich sie auch dafür
tüchtig blechen läßt.

Uebrigens haben die Ritterlichen nicht viel besonders
Charakteristisches, was sie untereinander unterschiede; Mary=
land, Virginien und Nord=Carolina bilden eine Klasse; dann
folgen die echten Heißsporne von Süd=Carolina, Georgia,
Alabama und Mississippi. Louisiana ist halb französisch,
Florida halb spanisch, Texas steht den übrigen schon ferner.

Diese 10 Brüder gemahnen uns an die 12 Söhne
Arngrim's in Schulze's Cäcilie. Zuerst tritt hervor der
Aelteste,

---

*) Ritterlicher Süden.

— „Der die trotz'ge Wuth
Der Brüder oft gezähmt durch freundlich milde Bitten."

Virginien, die old dominion, benannt nach der »good queen Bess,« (Elisabeth), unter deren jungfräulichen (virgin) Regierung die ersten verunglückten Kolonisationsversuche auf Roanoke gemacht wurden.

Einst erstreckte sich sein Gebiet über Kentucky, Tennessee, Ohio, bis an den Michigan-See.

Der hervorragende Antheil, den es an der Revolution nahm, und die vielen ausgezeichneten Männer, die es stellte, gaben ihm das Recht, sich „die Mutter der Staatsmänner und Helden" zu nennen, und in der That hat es allein von 14 Präsidenten 5 gestellt, die zusammen während den 66 Jahren seit 1789 39 Jahre lang regiert haben, weshalb man auch die von 1789—1824 währende, nur durch die vier Jahre von John Adams unterbrochene, Regierung virginischer Präsidenten die Zeit der „virginischen Dynastie" nannte. Auch heute noch macht Virginien dieselben Ansprüche auf die Größe, die es sonst hatte, aber die andern Staaten sind nicht mehr geneigt, ihm Das ohne weiteres einzuräumen, und namentlich wird ihm begründet genug vorgehalten, daß es nicht mehr den ersten, sondern nur noch den vierten Rang unter den Staaten einnimmt, daß es keine Staatsmänner mehr, sondern nur unzählige Aemterjäger erzeugt, daß seine Politiker im Kongreß mit unglaublicher Ungezwungenheit und Hartnäckigkeit für jedes erledigte Amt einen Virginier in Vorschlag bringen, und landsmannschaftlich so eng zusammenhängen, daß sie selbst auf Parteidisziplin nicht achten, wo es gilt, einem Virginier ein Amt zu verschaffen, vor Allem aber, daß Virginien durch seine schlechte Wirthschaft und Sklaverei verarmt ist, daß ⅓ des Bodens, der früher urbar war, jetzt dort wüst liegt, daß dieses fette, südliche Land in Tabaksbau nicht mehr mit dem steinigen, kalten Connecticut Schritt halten kann, und so tief gesunken ist, daß es kaum mehr etwas Anderes ausführt, als Skla= ven. Im reichen Süden nämlich, Alabama, Mississippi und Louisiana sind Sklaven theuer, die Arbeit der Sklavin= nen wird so in Anspruch genommen, daß sie wenige Kinder gebären und aufbringen können, und endlich sind Lebensmit= tel so theuer und Arbeit so einträglich, daß der Pflanzer es nicht „afforden“ kann, und lieber darauf rechnet, den Skla= ven in neun Jahren zu Tode zu arbeiten und dann einen neuen zu kaufen, als daß er ihn schonte und ein paar Jahre länger behielte. Bei der großen Nachfrage und dem starken Verbrauche, der in den südlichsten Staaten herrscht, ge= ben also die Virginischen Neger einen werthvollen Handels= artikel ab, und vortheilhaft dazu, da bei der guten Behand= lung, geringen Arbeit und dem billigen Unterhalt die Menschenzucht daselbst billig und fruchtbar ist. In der That würde in Virginien auch das Loos des Sklaven nicht be= sonders hart sein, wenn nicht die ewige Furcht ihr Leben verbitterte, nach dem Süden verkauft zu werden, wenn sie in Ungnade fallen oder ihr Herr in Armuth kommt oder stirbt. Diese Anhänglichkeit des Farbigen an sein heimath= liches Virginien und diese über seinem ganzen Leben wie ein Damoklesschwert schwebende Gefahr, nach Süden verkauft zu werden, drückt sich vielfach in den einfachen, aber nicht werthlosen Negerliedern aus, z. B. in dem klagenden Scheideliede:

Oh, Susannah, oh do'nt you cry for me,
I go to Alabama — *)

---

*) O, Susanne, weine nicht um mich, ich gehe nach Alabama.

Oder in der sehnsuchtsvollen Elegie:

Oh earry me back to old Virginy! *)

In der That ist das Loos des Virginischen Sklaven, wenn er nach dem tiefen Süden kommt, schrecklich. Nicht blos seine Arbeit, Nahrung, Wohnung und Behandlung um 100 Procent härter, als daheim für ihn, sondern der stolze Südländer haßt und fürchtet die „Virginia Nigger," weil Viele von ihnen weißes Blut, oft zu $^7/_8$, in den Adern haben, weil sie einer guten Behandlung gewohnt, von geweckter Intelligenz, oft nicht ohne einige Bildung sind, und daher eher an's Fortlaufen oder an's Verführen der übrigen Sklaven denken könnten. Es ist daher auch nicht so selten, aus dem Munde eines Louisiana Pflanzers zu vernehmen, selbst wenn er behauptet, bei ihm zu Hause würden die Sklaven gut behandelt: „Ja, ein Virginia Nigger — der ist zu nichts weiter gut, als todt gearbeitet zu werden."

Alle diese Anfechtungen Seitens der „verrückten, faulmäuligen, weißlebrigen Abolitionisten" **) stören jedoch die Gemüthsruhe eines Virginia Gentleman nicht; denn seine Richmonder Zeitung hat es ihm tausendmal gesagt (und etwas Anderes liest er nicht), daß man nirgends auf der Welt so vollkommene „Gentlemen" findet; und wenn ein Virginischer Reisender einem hochstehenden und feingebildeten englischen oder französischen Edelmann eine Anerkennung zu Theil werden lassen will, so bezeichnet er solchen als einen „Gentleman, wie man sie sonst nirgends als in Virginien findet." Der folgende Satz aus dem Richmond Examiner wird dieses hochgespannte Selbstgefühl näher in's Licht setzen:

---

*) Oh! bringt mich zurück nach dem alten Virginien!

**) Abolitionisten heißt man jene Partei, welche die Sklaverei abschaffen (abolish) wollen.

„Ein Virginier ist das Muster eines echten, hochgebo=
renen, wohlerzogenen Aristokraten und sieht auf seine niedrigen
Yankee = Verläumder mit derselben unbewegten Verachtung
herab, wie eine Marmorstatue auf das Ungeziefer, das zu
ihren Füßen herumkriecht."

Spötter haben an dergleichen gar mannigfachen Stoff
gefunden und namentlich behaupten wollen, es sei unmöglich,
einen Virginischen Gentleman zu finden, der nicht zu „einer
der ersten Familien" des Landes gehören wolle, ja Preise
darauf gesetzt, einen Virginier zu entdecken, der zu einer der
zweiten Familien gehöre. Namentlich sollen alle Virginier
behaupten, mit John Randolph von Roanoke verwandt zu
sein, dem Urenkel der indianischen Prinzessin Pocahontas,
welcher auf seine Abstammung von den „rechtmäßigen Für=
sten" des Landes so ungemein stolz war.

Beiläufig ist der Beiname, der den Virginiern von den
Bewohnern anderer Staaten im gewöhnlichen Leben scherz=
weise gegeben ward, nichts weniger als aristokratisch; sie
heißen nämlich „Corncrackers" (Wälschkornbeißer).

Maryland ist zu unbedeutend, um besonders vorstechende
Charakterzüge zu haben; es nennt sich den Küstenstaat
(Shore State), weil es durch die Chesapeake Bai in zwei
Hälften getheilt wird, die sich die „östliche" und „westliche
Küste" nennen. Es wurde 1635 von Cecil Calvert, Lord
Baltimore, mit etwa 200 englischen Katholiken besiedelt, und
zeichnete sich gleich Rhode Island durch den Freisinn aus,
mit dem es alle Religionsmeinungen duldete. Kaum aber
waren die nach Maryland geflüchteten Puritaner in der
Mehrheit, so verboten sie 1653 den katholischen Gottesdienst,
und verfolgten die Katholiken. Noch jetzt findet man fast
nur in Maryland Katholiken anglo=sächsischer Abkunft; alle

Andern in den Vereinigten Staaten sind irischer, spanischer, französischer oder deutscher Abkunft; Thomas Carroll von Carrollton, einer der Unterzeichner der Unabhängigkeitser= klärung, war ein solcher Marylander Katholik.

Benannt ist Maryland nicht, wie Zschokke in seiner niedlichen Novelle „die Gründung von Maryland" angiebt, von Mary, der schönen Quäkerin, sondern von Königin Mary, Gemahlin Carls I. von England. Maryland und Virginien sind die beiden großen Tabakstaaten der Union.

Auch Nord=Carolina tritt wenig hervor; im Allgemeinen von ähnlichen Verhältnissen wie Virginien, nur von weit ärmerem Boden und fast ohne Häfen, hat es sich von Vir= ginien, dem demokratischen Musterstaate stets durch seine Vorliebe für Whigpolitik unterschieden. Es nennt sich den „Nordstaat," sonderbar genug für einen halbsüdlichen Staat, zum Unterschiede von Süd=Carolina, und die Einwohner tragen den Spitznamen Eals (Aale).

Wo Ernst Schulze in der Cäcilie die 12 Söhne des wilden Arngrim beschreibt, Jeden in seinen Vorzügen und Charakterzügen, und sich alle gleich an Stolz und Wildheit, da geht er auf den Wildesten von Allen mit den Worten über:

„Doch über Alle hob bei jedem Heldenwerke
Angantyr sich hervor an Zorn und Riesenstärke."
Passender könnten wir nicht ihn einführen, der gewaltig im „Berserker=Zorn," wenn gleich nicht an Stärke, der Führer der Südländer ist, so oft es gilt, tolle Streiche anzugeben. General Quattlebum vom Palmen=Staat tritt auf, der Typus des heißblütigen Südens. Er ist von einer französischen Mutter, stolz, leidenschaftlich, ungebärdig — Onkel Sam's ungezogenster Neffe, der alle Augenblicke sich von ihm los=

reißen will, seine anderen rechten Brüder gegen seine Stief=
brüder hetzt, rechthaberisch, verwöhnt, weil er immer Recht
behalten muß. So klein er ist, so viel Spektakel macht er
doch. Reich ist er, denn er hat viel Sklaven, die ihm
Baumwolle und Reis ziehen müssen; grausam ist er auch,
wo er Widerstand findet, sonst aber liebt er, generös zu
sein; Sonntagsgesetze und Temperenzwesen sind nicht nach
seinem Geschmacke.

Wir kommen nämlich nun an Süd=Carolina, den Staat
der „Heißsporne,“ der „Feuerfresser,“ der Nullifier, der
Secessionisten, der ritterlichen Aristokratie, die ihre Vorliebe
für das Mittelalter sogar durch feierliche Turniere und Lan=
zenbrechen an den Tag legte, aber leider von der unver=
schämten Presse so mit Lächerlichkeit überhäuft wurde, daß
sie es einstellen mußte. Der Staat ist streng aristokratisch;
Niemand hat das Stimmrecht, der nicht eine gewisse Anzahl
Sklaven besitzt, und selbst die Präsidentenwähler werden nicht
vom Volk, sondern von der Gesetzgebung gewählt. Der
Staat ist stolz auf seine tapfern Leistungen im Unabhängig=
keitskriege, wo die Namen des Sergeant Jasper, der Gene=
rale Marion, Sumpter u. A. m. glänzten (obwohl dieser
Ruhm dadurch geschmälert ward, daß fast ⅓ es mit den
Tories *) hielt, und durch die furchtbare Grausamkeit auf
beiden Seiten), und auf eine Reihe glänzender Staats=
männer, die er geliefert hat, Lowndes, Langdon Cheves,
Hayne und John C. Calhoun, Letzterer unbezweifelt der
größte Staatsmann und Denker, den Amerika im 19. Jahr=
hundert hervorgebracht hat, aber leider auch der unheilvollste.
Er war der Erste, zu behaupten, Sklaverei sei nicht, wie

---

*) Tories nannte man die Anhänger Englands.

man früher allgemein zugestanden hatte, ein Unrecht und ein Uebel, sondern ein Recht und eine Segnung, nicht unchrist= lich, sondern von Gott verordnet, nicht ein Ausnahmezustand, sondern der normale Zustand der Gesellschaft; ja er erklärte rund heraus, echte Demokratie könne ohne Sklaverei nicht bestehen. Mit der Kühnheit, dem Feuer und dem Scharf= sinn, der seine Schriften und Reden bezeichnete, wurde er der Führer und Stifter sowohl der neuen Schule der „Staats= rechts=Demokraten," wie auch der jetzigen Sklaverei=Fanatiker, und kein Staat nahm so willig sein Gepräge an, als sein eigener. So spielte denn unter seiner Leitung Süd=Carolina von 1828—33 zum ersten Mal das verwegene und ver= brecherische Spiel, allgemeine Congreßgesetze für „null" zu erklären. Es war nämlich 1828 ein sehr hoher Tarif durch= gegangen, welcher den Südländern, die keine Fabrikwaaren, sondern nur leichtverkäufliche Rohstoffe erzeugen, sehr lästig war. 1832 wurde ein neuer erlassen, der etwas niedriger, aber immer noch ziemlich hoch war. Jetzt fingen die unge= duldigen Süd=Caroliner Feuer; Calhoun, damals Vicepräsi= dent der Vereinigten Staaten, legte sein Amt nieder und ließ sich in den Vereinigten Staaten=Senat wählen, um un= gebunden seinen Staat vertreten zu können. Er und die Führer in Süd=Carolina stellten den Satz auf, der Congreß habe überhaupt kein Recht, Schutzzölle zu erheben, sondern dürfe nur Finanzzölle erheben, und brachten so die neue Mode auf, nach der man jetzt ganz ungenirt die Constitution selbst für unconstitutionell erklärt, wenn es Einem nicht in den Kram paßt, wie kürzlich Herr Douglas mit dem Rechte des Congresses that, in den Territorien Gesetze über Skla= verei zu erlassen, und Herr Pierce mit dem Rechte des Congresses, Geld zu innern Verbesserungen zu bewilligen.

Gesagt, gethan. Die Gesetzgebung von Süd-Carolina erließ am 24. November 1832 ihre berühmte „Ordinance, um gewisse Gesetze des Vereinigten Staaten-Congresses für nichtig zu erklären," und verbot den Vereinigten Staaten-Beamten, in ihrem Staat nach dem 1. Februar 1833 Zölle zu erheben, ferner in allen betreffenden Fällen von ihren Staatsgerichtshöfen an den Vereinigten Staaten Höchsten Gerichtshof zu appelliren, bei Strafe, als Verächter des Gerichts behandelt zu werden, ferner die Constitutionalität des Nullifications-Actes zu bestreiten, befahl allen ihren Richtern und Beamten, einen Eid auf die Ausführung des Actes zu leisten bei Strafe der Absetzung, und eben darauf jeden der Geschwornen zu vereiden, ehe er Platz in der Jury nehmen dürfe, und erklärte feierlich, daß jeder Versuch der Vereinigten Staaten mit Zwangsmitteln irgend welcher Art die Steuern zu erheben, oder die Abschaffung obiger Ordinance zu erwirken, null und nichtig sei, und einer Entlassung von Süd-Carolina aus dem Verbande der Vereinigten Staaten gleichkomme. (Secession.)

Aber sie kamen beim alten Jackson schlecht an, obwohl er ein Eingeborner von Süd-Carolina war; denn in seiner hochberühmten Proklamation vom 1. Dezember 1832 setzte er nicht nur das Unstatthafte und Ungesetzliche dieses Benehmens auseinander, sondern warnte sie auch vor ihren „Staatsmännern," die er mit vielem Hohne behandelte, sagte ihnen unumwunden, daß sie nichts ausrichten könnten, und erklärte seinen festen Willen, dem Gesetz Gehorsam zu verschaffen, in gemäßigter, aber fester Weise. Und das hatte beim alten Jackson etwas zu bedeuten.